엮은이 | 카렌 포스터
유럽에서 22년 동안 편집자, 편집장으로 일하면서
주로 전문 잡지와 도감 들을 만들었어요.
그 밖에 눈에 띄는 참고서와 음악 제품 들을 만들어 냈지요.
여러 나라 말을 할 수 있어서 번역가로도 일했어요.

그린이 | 레베카 엘리엇, Q2 Media
레베카 엘리엇은 영국의 켄트 주립 대학을 마치자마자
어릴 때부터 꿈꿔 왔던 화가가 되었어요.
지금은 영국과 미국의 이름난 아동 출판사에서
그림책이나 참고서에 예쁘고 즐거운 그림을 그리고 있어요.
Q2 Media는 어린이들이 보는 참고서에 그림을 그리는 모임이지요.

옮긴이 | 강미라
서울에서 태어나 이화여자대학교 영문과를 졸업했어요.
여러 해 동안 어린이 책 출판사에서 편집자로 일했고,
다른 나라 책을 우리말로 옮기는 일을 하고 있어요.
우리말로 옮긴 책은 《어린이 세계 지도책》《정글의 동물》
《오리 탈출 소동》《엘리자베스 1세》《다섯 살은 괴로워》들이 있어요.

꼬마 탐험가가 보는 지도책 06
아프리카

카렌 포스터 엮음 | 강미라 옮김
초판 1쇄 발행 2009년 11월 16일

펴낸이 | 양원석
편집장 | 최주영
책임편집 | 김지은
디자인 | 바오밥 나무
마케팅 | 정도준, 김성룡, 백준, 나길훈, 임충진, 주상우
제작 | 허한무, 문태일, 김수진

펴낸곳 | 랜덤하우스코리아(주)
주소 | 서울시 강남구 삼성동 159번지 오크우드호텔 별관 B2(우135-525)
내용 문의 | (02) 3466-8915
구입 문의 | (02) 3466-8955
등록번호 | 제2-3726호(2004년 1월 15일 등록)
홈페이지 주소 | www.jrrandom.co.kr

ISBN 978-89-255-3474-9 74980
ISBN 978-89-255-3462-6 (세트)

값 10,000원

YOUNG ADVENTURER ATLAS : AFRICA
Copyright ⓒ 2007 by Diverta Ltd
Korean Translation copyright ⓒ 2009 by Random House Korea, Inc.
All rights reserved.
Korean translation rights arranged with Diverta Ltd, London through EYA (Eric Yang Agency), Seoul.

이 책의 한국어판 저작권은 EYA(Eric Yang Agency)를 통해 Diverta Ltd와 독점 계약한 랜덤하우스코리아(주)에 있습니다.
신 저작권법에 의해 한국 내에서 보호를 받는 저작물이므로 무단 전재와 무단 복제를 금합니다.

* 맞춤법과 띄어쓰기는 국립국어원의 기준에 따랐습니다.
* 잘못 만들어진 책은 구입하신 곳에서 교환해 드립니다.
* 주의 : 책 모서리가 날카로워 다칠 수 있으니 사람을 향해 던지거나 떨어뜨리지 마십시오.

꼬마 탐험가가 보는 지도책 06

아프리카

카렌 포스터 엮음 | 강미라 옮김

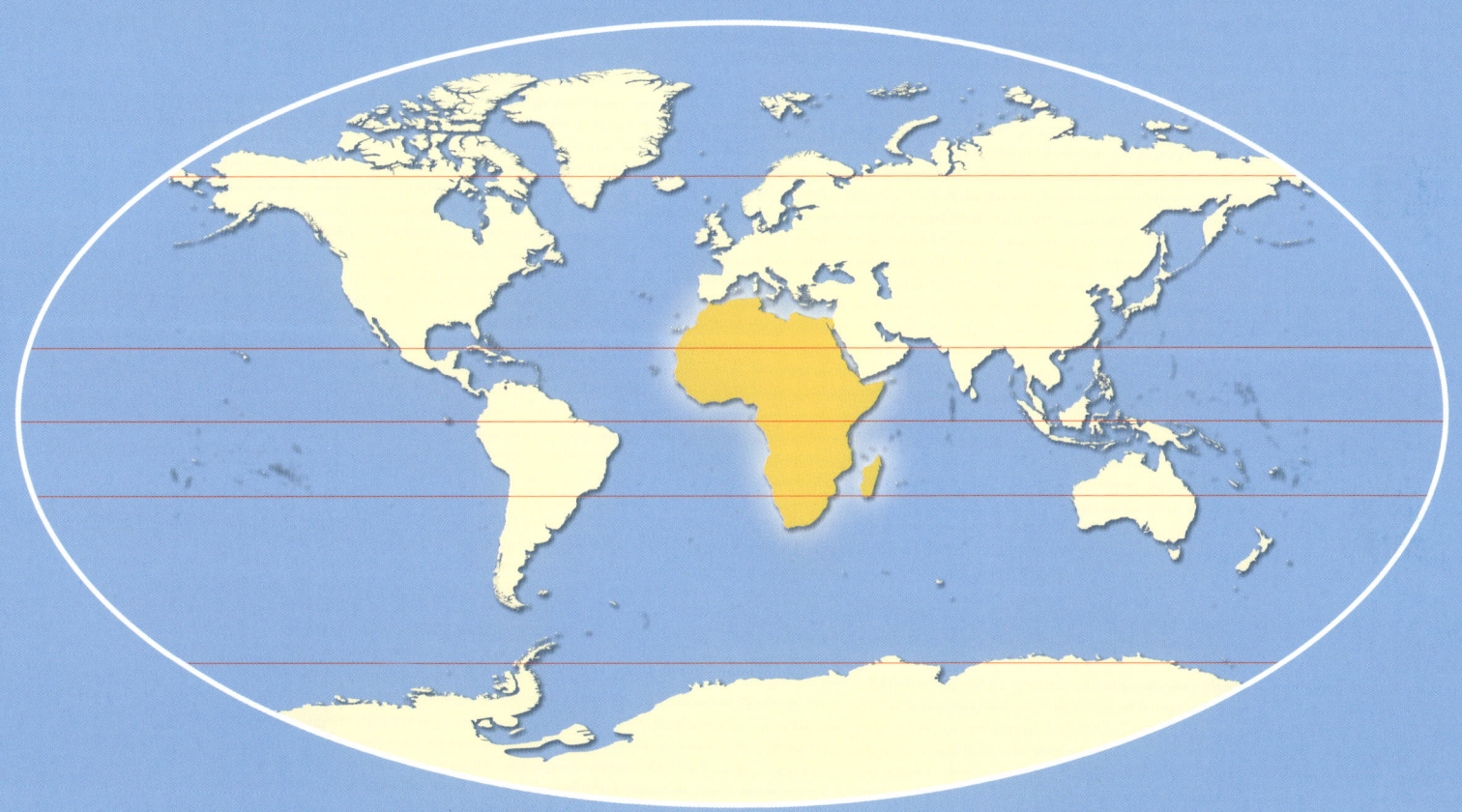

주니어랜덤

차례

아프리카에 온 것을 환영해요!	4-5
나라	6-7
지형	8-9
물길	10-11
기후	12-13
식물	14-15
동물	16-17
인구	18-19
민족과 풍습	20-21
가 볼 만한 곳	22-23
산업	24-25
교통	26-27
세렝게티 열기구 여행	28-29
용어 풀이와 찾아보기	30-31
한눈에 보기	32

아프리카에 온 것을 환영해요!

세계는 크게 일곱 개의 땅덩이로 이루어져 있어요.
유럽, 북아메리카, 남아메리카, 아시아, 아프리카,
오세아니아, 남극으로, 이를 '대륙'이라고 하지요.

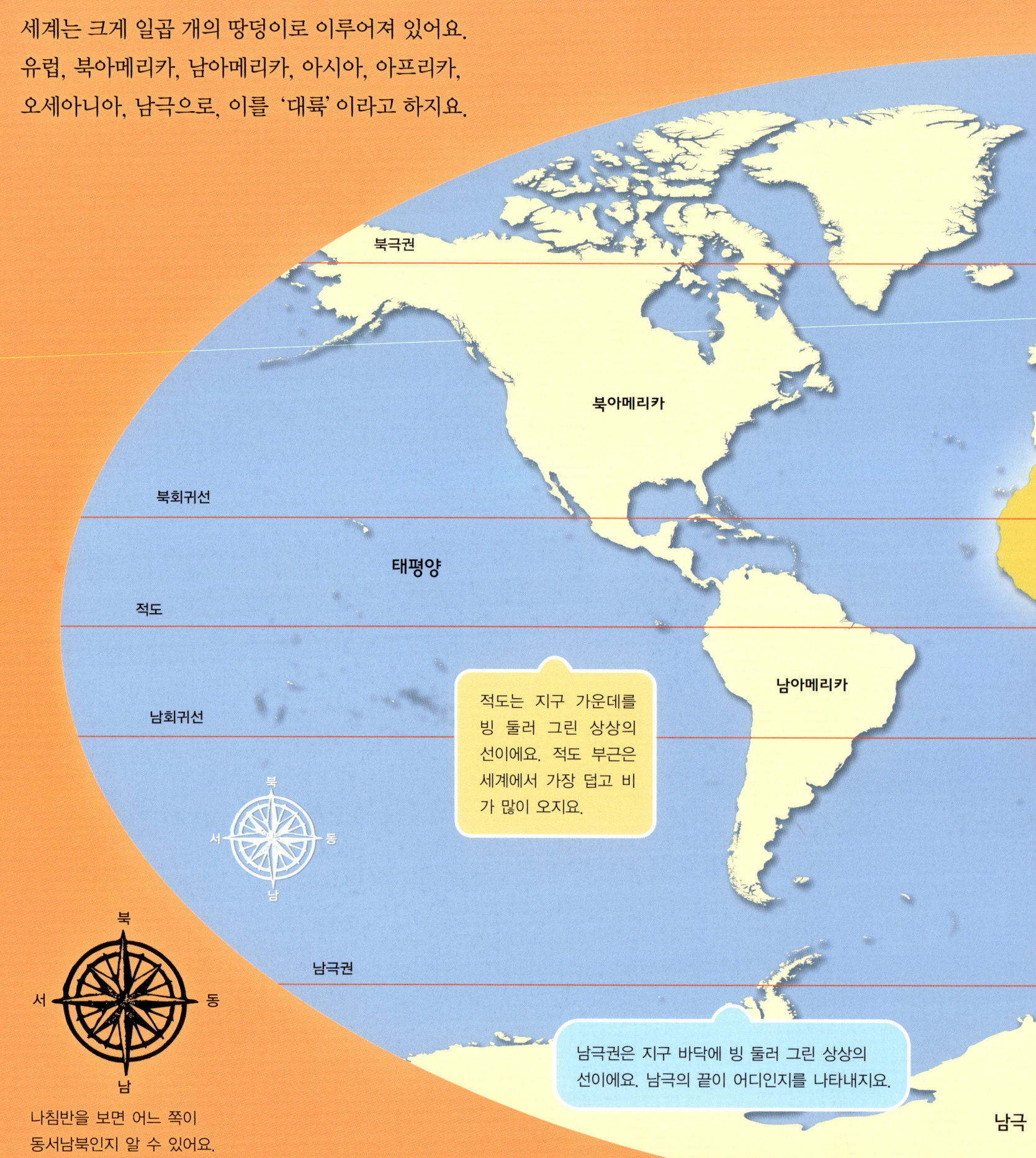

적도는 지구 가운데를 빙 둘러 그린 상상의 선이에요. 적도 부근은 세계에서 가장 덥고 비가 많이 오지요.

남극권은 지구 바닥에 빙 둘러 그린 상상의 선이에요. 남극의 끝이 어디인지를 나타내지요.

나침반을 보면 어느 쪽이 동서남북인지 알 수 있어요.

 모리타니
 소말리아
 모리셔스
 남아프리카 공화국
 모로코
 수단
 모잠비크
 스와질란드
 나미비아
 탄자니아
 니제르

나라

아프리카에는 50개가 넘는 나라와 수백 종류의 민족이 있어요. 언어는 1000개가 넘는데, 그 가운데 스와힐리 어, 하우사 어, 요루바 어를 많이 쓰고 있지요. 여러 종류의 손짓과 몸짓 언어를 쓰기도 해요. 어떤 말은 혀 차는 소리와 휘파람 소리, 높고 낮은 소리들이 섞여 있고, 소리를 아주 부풀려서 음악 같기도 해요.

이나 크와나 (하우사 어)

잠보 (스와힐리 어) 아프리카 인사말 에쿠아로 (요루바 어)

 나이지리아
 튀니지
 르완다
 우간다
 상투메 프린시페
 서사하라
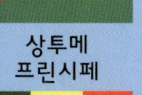 세네갈
 잠비아
 세이셸
 짐바브웨
 시에라리온

음악과 춤

아프리카 사람들은 타고난 리듬 감각을 가지고 있어서 북소리에 맞춰 노래를 부르고 춤추는 것을 즐겨 해요. 세계에 이름나 있는 아프리카 북은 팽팽하게 잡아당긴 동물이나 물고기 가죽으로 만들어요.

콩고 사람들이 '톰톰' 이라는 북을 두드리고 있어요. 이 북소리는 아주 먼 거리에서도 들리지요.

무얼 먹을까요?

- **에티오피아** 부드러운 하얀 치즈와 납작한 빵
- **모잠비크** 조개와 땅콩을 넣은 스튜
- **모로코** 양념을 한 케밥과 밀을 쪄서 야채와 고기를 곁들인 쿠스쿠스
- **차드** 말린 생선으로 만든 스튜
- **케냐** 완두콩, 옥수수, 감자를 으깬 요리
- **잠비아** 초록빛 바나나 칩
- **이집트** 속을 채운 대추야자 열매와 벌꿀 케이크
- **마다가스카르** 바닐라 열매를 곁들인 파파야와 망고

지형

아프리카는 여러 풍경을 지녔어요. 북쪽에는 세계에서 가장 큰 사하라 사막이 있어요. 사막에서 그리 멀지 않은 곳에 깊은 강들이 흐르고 폭포들이 천둥소리를 내며 떨어지지요. 사바나라고 하는 탁 트인 넓은 초원은 동아프리카에 펼쳐져 있어요. 이곳에서는 수많은 야생 동물 떼와 멀리 우뚝 솟아 있는 킬리만자로 산을 볼 수 있지요. 킬리만자로 산은 아프리카에서 가장 높은 산으로 화산 활동을 안 하는 사화산이에요. 동쪽은 대부분 탁상지로 알려져 있는 높고 평평한 고원 지대이지만 듬성듬성 우뚝 솟은 산봉우리들과 능선들이 나타나요.

아프리카에서 가장 높은 모래 언덕(듄)인 에르그 티퍼닌이에요. 알제리 쪽 사하라 사막에 있으며 높이가 400미터가 넘어요.

사막의 멋진 조각들

사하라 사막에 강한 바람과 모래 폭풍이 바위를 깎아서 재미있는 모양들을 만들어 내요.

사하라의 바위 조각들

놀라운 사실들

나미브 사막은 세계에서 가장 오래된 사막이에요. 이 사막은 아주 커다랗지요. 'namib(나미브)'라는 말은 'enormous(아주아주 커다란)'이라는 뜻이에요. 이 사막은 '모래 언덕(듄)의 바다'로 알려져 있어요. 거센 바람이 파도처럼 생긴 모래 언덕들을 끊임없이 옮기고 바꾸어서 이런 별명이 붙었어요.

그레이트리프트 계곡

동아프리카에 있는 어마어마하게 긴 이 계곡은 땅에 생긴 깊고 넓은 틈으로 이루어진 몹시 가파른 계곡이에요. 이곳은 수백만 년 전에 땅속 깊은 곳의 지각 운동으로 생겼지요. 계곡 바닥은 평평하지 않고 군데군데 언덕들이 있어요. 이 언덕들은 화산인데 그 가운데 30개는 아직 활동하는 활화산이에요.

케냐의 그레이트리프트 계곡

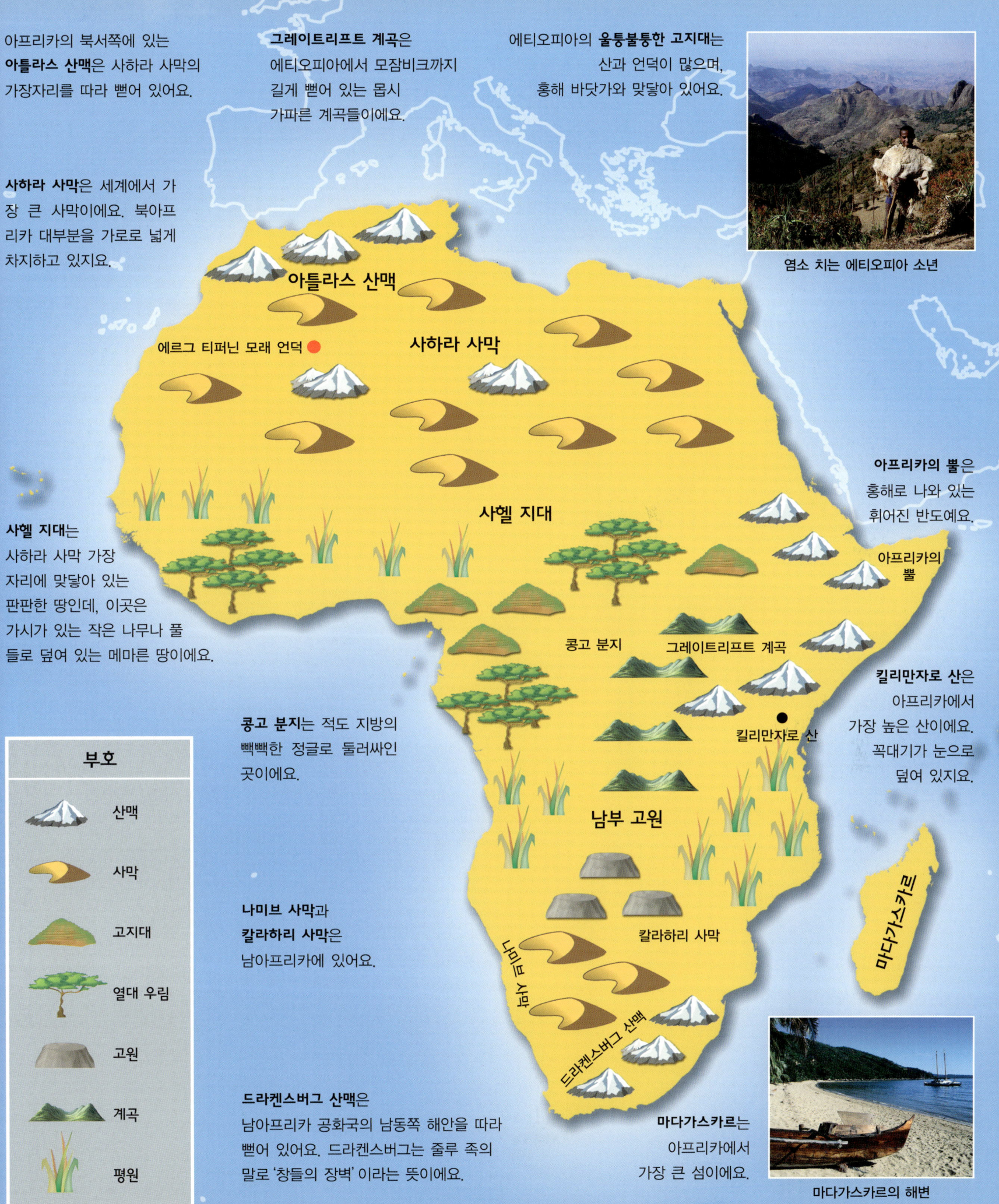

물길

아프리카는 타는 듯이 덥지만 물이 많은 곳이에요. 아프리카에는 큰 강이 네 개가 있는데, 바로 나일 강, 콩고 강, 나이저 강, 잠베지 강이에요. 나일 강의 물은 강둑을 따라 펼쳐져 있는 농토를 푸르고 기름지게 가꾸어 줘요. 나일 강의 커다란 아스완 하이 댐은 이곳의 홍수를 막아 주지요.

아프리카의 호수 대부분은 대륙의 동쪽에 있어요. 계곡 바닥을 따라 길고 깊은 호수들이 이어져 있지요. 남쪽의 커다란 오카방고 늪과 동쪽의 수드 늪에는 작은 호수들과 물에 잠긴 평원들이 군데군데 있어요. 가장 메마른 지역인 사막에도 야자나무로 둘러싸인 오아시스 샘들이 있지요.

커다란 스펀지

수단에 있는 수드 늪은 아주 아주 넓은 습지예요. 커다란 스펀지처럼 나일 강에서 넘친 물들을 빨아들이지요. 이곳은 아주 더워서 물이 다 흘러가기도 전에 반이 넘게 증발해 버려요.

나일 강의 원줄기인 백나일 강이 수단의 수드 늪 사이를 흐르고 있어요.

알고 있나요?

아프리카 대호수는 서로 잇닿아 있는 다섯 호수로, 무척 아름답고, 생명의 근원인 소중한 물을 공급해 주어요. 아프리카 대호수를 대륙의 동쪽에 걸쳐 있는 '사파이어 사슬들'이라고 해요.

아프리카 대호수

빅토리아 폭포

잠베지 강을 반쯤 내려오다 보면 세계에서 가장 커다란 폭포 가운데 하나인 빅토리아 폭포를 만나게 되지요. 이 폭포의 물은 귀를 먹게 만들 만큼 시끄러운 소리를 내며 105미터 절벽 아래로 뚝 떨어져요. 이 폭포의 아프리카 이름은 '모시 카 탄야'인데, '천둥소리가 나는 연기'라는 뜻이에요. 150여 년 전에 이 폭포를 발견한 스코틀랜드 탐험가 데이비드 리빙스턴은 잉글랜드 여왕의 이름을 따서 이 폭포를 빅토리아 폭포라고 이름 지었어요.

짐바브웨의 빅토리아 폭포

나일 강은 세계에서 가장 긴 강이에요. 르완다에서 북이집트까지 흘러 지중해로 들어가지요.

케냐의 **마가디 호**는 화산 작용으로 생긴 소다가 가득한 소다호이자 짠물 호수예요. 이 호수는 이곳에서 사는 플라밍고로 이름나 있어요.

분홍 플라밍고

오아시스는 사막의 샘물로, 사하라 사막 군데군데에 있어요.

지부티에 있는 **아살 호**는 해수면보다 낮은 곳에 있어요. 건기에는 소금으로 된 섬들만 남기고 물이 다 증발해 버리지요.

차드 호는 둘레의 네 나라에 사는 2000만 명한테 물을 공급해 주고 있어요.

림포푸 강

천천히 흐르는 뿌연 림포푸 강은 남아프리카 공화국을 지그재그로 지나 인도양으로 흘러 들어가요. 이 강은 영국 소설가 루디야드 키플링이 아프리카의 짧은 이야기들을 모아 쓴 《저스트 소우 스토리즈(바로 그 이야기들)》라는 책에 나오는 '아기 코끼리의 코는 왜 길어졌을까?' 라는 이야기로 이름나 있어요. 키플링은 이 강을 '초록빛이 도는 잿빛의 림포푸 강'으로 그려 냈어요.

아프리카의 가장 큰 호수들은 동쪽에 있어요.

커다란 **오카방고 늪**은 온통 커다란 사막으로 둘러싸여 있지만 물로 가득 차 있어요.

보츠와나의 오카방고 늪

화산 작용으로 만들어진 소다가 가득한 짠물 호수의 이름은 무엇인가요?

기후

아프리카 땅은 대부분 북회귀선과 남회귀선 사이에 있어요. 그래서 햇볕이 쨍쨍하고 비가 많이 오지요. 하지만 바다에서 멀리 떨어져 있는 북쪽의 메마른 평원이나 사막은 뜨거워요. 남쪽 아프리카는 폭이 훨씬 좁고 바닷바람이 많이 불어와서 북쪽보다 시원하고 비도 많이 내려요. 아프리카 가운데를 가로질러 뻗어 있는 열대 우림 지역은 덥고 습기가 아주 많아요. 사막과 열대 우림 사이에는 사바나가 있어요. 이곳에서는 태양이 너무 강해서 가끔 마른 풀에 저절로 불이 붙어 사나운 불이 나기도 해요.

가뭄은 이제 그만!

사헬 지대는 30여 년 전부터 해마다 비가 안 오는 날이 많아져서 가뭄과 굶주림으로 수백만 명의 사람들이 고통을 받고 있어요. 과학자들은 사람들이 농경지를 만들고 가축들을 키우느라 나무들을 마구 베어 버려서 땅이 메말라 버린 것을 원인으로 보고 있어요. 식물들이 잎을 통해서 공기 중으로 수증기를 내보내면 이것이 공기를 촉촉하게 해서 구름을 만들어요. 식물이 자꾸 줄어드니 구름이 적어지고 비가 차츰차츰 안 와서 새로운 식물이 자랄 수 없는 일이 되풀이되지요.

인도소 떼, 니제르의 사헬 지대

휘몰아치는 모래

사하라 사막에는 메마르고 뜨거운 먼지바람들이 불어요. 이런 바람들을 시로코, 캄신, 시뭄, 하마탄이라고 해요. 사나운 바람은 모래 폭풍을 일으켜요. 이 폭풍은 몇 시간에서 며칠 동안 몰아치지요.. 모래 폭풍은 태양을 가리고 길과 오아시스, 우물들을 모래 속에 묻어 버려요.

덥고 습하고

적도를 중심으로 북회귀선과 남회귀선 사이에 있는 곳은 열대 기후 지역이에요. 언제나 덥고 습하며, 겨울이나 여름 같은 계절이 따로 없지요. 이곳에서는 해마다 한두 번씩 오는 우기에 세찬 비가 자주 내려요. 이때 폭풍이 몰아치고 홍수가 나기도 해요. 그나마 높은 산은 시원한 바람이 불고 공기가 조금 서늘하지요.

사하라 사막의 모래 폭풍

열대 폭풍

가뭄!

에티오피아와 에리트레아에서는 오랫동안 가뭄이 드는 게 아주 흔한 일이 되었어요. 사람들은 농사를 지을 수 없어서 굶주리고, 깨끗한 물을 얻으려고 날마다 아주 먼 길을 걸어 다니지요.

식물

아프리카 열대 우림의 키 큰 나무들은 아주 튼튼한 뿌리를 가지고 있어요. 덩굴 식물이나 고사리 종류 그리고 난 들이 키 큰 나뭇가지에 붙어서 자라고 있어요. 호수에는 수생 식물들이 떠 있고 강가의 늪지대에서는 갈대와 파피루스 들이 자라고 있어요.

사막에서는 아카시아 나무들이 물이 거의 없어도 자라고 있고, 오아시스 가까이에서는 대추야자들이 자라고 있지요.

열대 우림과 사막 사이에는 사바나가 있어요. 이곳에서는 작은 관목들과 스카독서스 같은 예쁜 꽃들이 메마른 곳을 멋있게 꾸며 주지요.

극락조화

스카독서스

킹프로테아

아데나움

파괴되고 있는 열대 우림

호두나무, 흑단, 마호가니, 로즈우드같이 아프리카에서 자라는 나무는 재질이 단단해서 좋은 가구를 만들기에 알맞지요. 그래서 사람들은 미국이나 유럽으로 팔려고 열대 우림의 나무들을 마구 베고 있어요.

단단한 재질을 가진 나무들이 자라는 열대 우림

물구나무 서 있는 나무

바오바브나무는 아프리카 사바나에서 볼 수 있는 나무로, 잎이 떨어지면 줄기의 모습이 뿌리를 위로 가게 거꾸로 심어 놓은 것 같지요. 키가 아주 크게 자라고 수천 년을 살 수 있어요.

바보바브나무

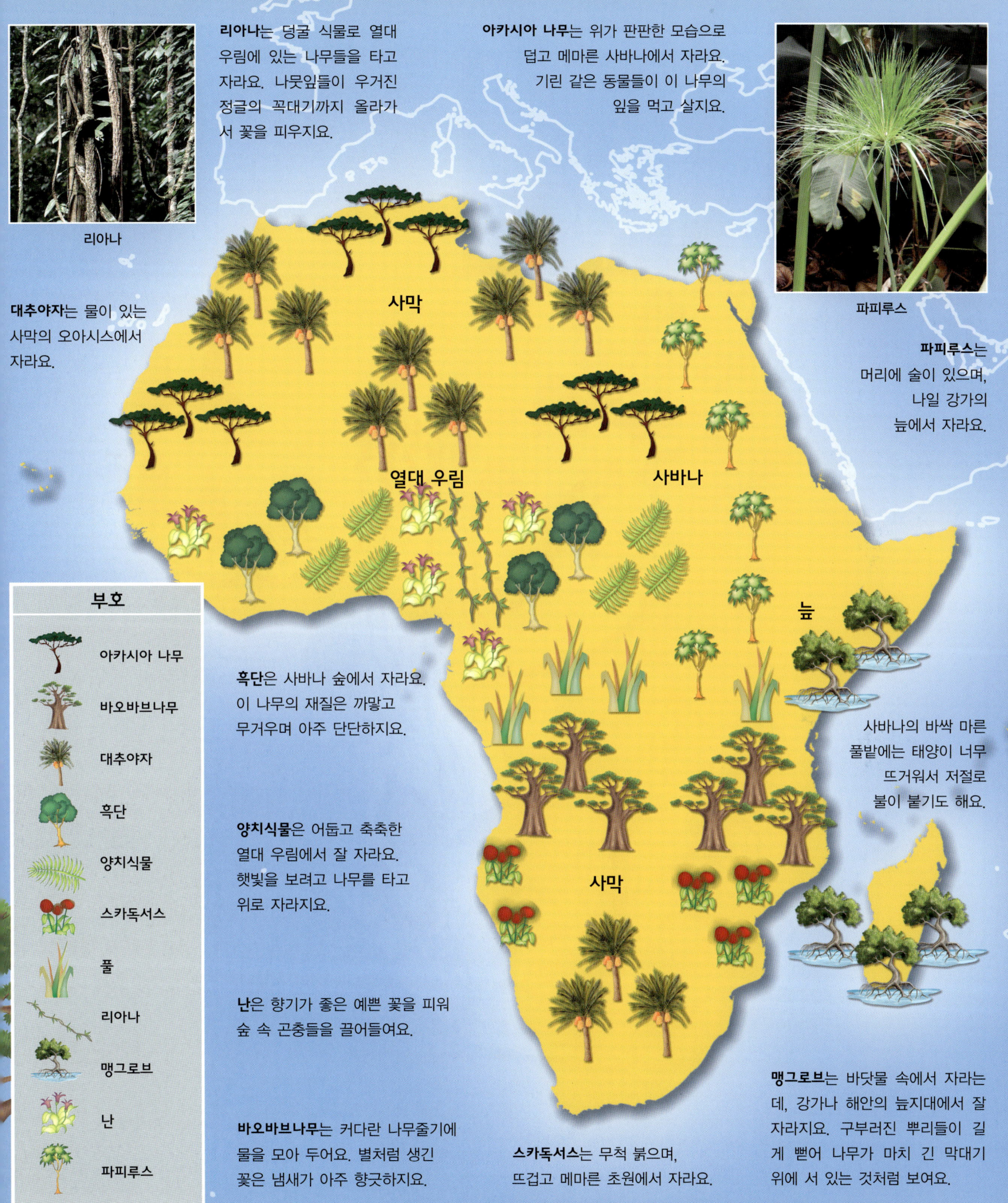

리아나

리아나는 덩굴 식물로 열대 우림에 있는 나무들을 타고 자라요. 나뭇잎들이 우거진 정글의 꼭대기까지 올라가서 꽃을 피우지요.

아카시아 나무는 위가 판판한 모습으로 덥고 메마른 사바나에서 자라요. 기린 같은 동물들이 이 나무의 잎을 먹고 살지요.

파피루스

파피루스는 머리에 술이 있으며, 나일 강가의 늪에서 자라요.

대추야자는 물이 있는 사막의 오아시스에서 자라요.

사막

열대 우림

사바나

늪

부호
- 아카시아 나무
- 바오바브나무
- 대추야자
- 흑단
- 양치식물
- 스카독서스
- 풀
- 리아나
- 맹그로브
- 난
- 파피루스

흑단은 사바나 숲에서 자라요. 이 나무의 재질은 까맣고 무거우며 아주 단단하지요.

사바나의 바싹 마른 풀밭에는 태양이 너무 뜨거워서 저절로 불이 붙기도 해요.

양치식물은 어둡고 축축한 열대 우림에서 잘 자라요. 햇빛을 보려고 나무를 타고 위로 자라지요.

사막

난은 향기가 좋은 예쁜 꽃을 피워 숲 속 곤충들을 끌어들여요.

맹그로브는 바닷물 속에서 자라는데, 강가나 해안의 늪지대에서 잘 자라지요. 구부러진 뿌리들이 길게 뻗어 나무가 마치 긴 막대기 위에 서 있는 것처럼 보여요.

바오바브나무는 커다란 나무줄기에 물을 모아 두어요. 별처럼 생긴 꽃은 냄새가 아주 향긋하지요.

스카독서스는 무척 붉으며, 뜨겁고 메마른 초원에서 자라요.

긴 막대기 위에 서 있는 것처럼 보이는 나무는 무엇인가요? 15

동물

아프리카는 야생 세계로 이름나 있어요. 사자, 하이에나, 치타뿐만 아니라 얼룩말 같은 초식 동물들 떼가 사바나와 풀이 많은 평원에서 살고 있어요. 하마와 악어 들은 강이나 늪에서 살고 원숭이와 고릴라 들은 덥고 습한 정글에서 살고 있지요.

밀렵

사람들이 값비싼 코끼리 상아와 코뿔소의 뿔을 얻으려고 수년 동안 이 동물들을 마구 죽이는 바람에 코끼리와 코뿔소가 멸종 위기에 처해 있어요.

알고 있나요?

아프리카코끼리는 큰 귀로 소리도 잘 듣지만 더운 날씨에 부채처럼 펄럭거려 몸을 시원하게 만들어요. 코도 아주 쓸모가 있어서, 목욕할 때 물 뿌리는 호스로 쓰이지요.

한 쌍의 코끼리 상아

사바나에서의 삶

아프리카의 사바나는 먹이를 찾아 헤매는 야생 고양잇과 동물들의 사냥터예요. 얼룩말과 기린은 키가 큰 풀 속에 몸을 숨기고 나무 그늘 밑에서 뜨거운 태양을 피해요. 뿔이 휘어진 가젤들은 사자가 눈에 띄면 폴짝 높이 뛰어오르며 여러 군데로 흩어지지요. 멀리 지평선 위에서는 무리를 이룬 누들이 깨끗한 풀과 물을 찾아 평원을 누비느라 뿌연 먼지구름을 일으켜요.

아프리카코끼리들이 사자들을 물웅덩이에서 쫓아내고 있어요.

인구

아프리카 인구는 무척 빠르게 늘어나고 있어요. 또한 아프리카에는 젊은 사람이 많아요. 인구의 반 넘는 사람이 거의 열다섯 살 아래지요.

많은 사람이 대도시에서 살지만 나머지 사람들은 작은 마을에서 살고 있어요. 아랍 사람들은 대부분 북쪽에 살고 있고, 흑인들은 남쪽에 많이 살고 있어요. 흑인 인구를 이루는 원주민 부족은 수백 개나 돼요.

건강 문제

아프리카의 많은 곳에서는 건강이 문제가 되고 있어요. 농사가 안 되니 먹을 게 너무 모자라고, 콜레라나 말라리아와 에이즈 같은 생명에 위험한 질병이 퍼지고 있어요. 아프리카 나라들은 대부분 의료 도움이 필요해요. 잘사는 나라에서 도와주어야 해요. 그들은 우리와 지구에서 함께 살아가고 있는 이웃이니까요.

모자란 학교

아프리카에는 아이들을 많이 낳아 어린이가 무척 많아요. 하지만 많은 곳이 어린이들을 가르칠 학교가 모자라지요.

그물로 물고기를 잡고 있는 소년들

아프리카의 이름난 도시

아프리카에는 인구가 백만 명이 넘는 도시가 60개가 있어요. 사람들은 일자리를 찾고 더 나은 삶을 살려고 도시로 오지요.

남아프리카 공화국에 있는 **요하네스버그**와 **프리토리아**는 잘사는 현대 도시예요. **소웨토**는 가난한 작은 도시인데, 여기에 사는 흑인 어린이들은 다닐 학교도 거의 없고 어른이 되어서도 마땅히 일할 곳이 없어요.

나이로비는 케냐의 수도이며 경제 중심지예요. 도시 한가운데에는 현대적인 사무실 빌딩과 호텔 들이 넓은 가로수 길을 따라 있어요.

나이지리아의 **라고스**는 여러 개의 섬으로 이루어진 도시예요. 이곳은 무역과 상업의 중심지이며 음악과 밤놀이로 이름난 도시예요.

이집트의 수도 **카이로**는 아프리카에서 가장 큰 도시예요. 많은 사람이 붐비는 빈민가에서 살고 있지만, 거의 천만 명이나 되는 사람이 이 도시에서 살고 있어요.

케냐의 나이로비

이집트의 카이로

나이지리아의 라고스

사하라 사막은 태양이 강해 사람이 거의 안 살아요. 유목민들만 조금 살고 있지요. 유목민들은 물과 목초지를 찾아서 낙타와 염소 들을 몰고 사막을 돌아다녀요.

티미모운 같은 작은 도시나 마을들은 사막 가장자리의 물이 있는 오아시스 둘레에 세워졌어요.

알제리의 티미모운 오아시스

나일 계곡은 땅이 기름져서 지구에서 인구 밀도가 가장 높은 곳 가운데 하나예요.

가축을 기르는 유목민들은 사헬 초원을 돌아다녀요. 하지만 요즘 유목민들은 **사헬 지대**에서 먹고 살기가 힘들어졌지요.

타조 알을 마시고 있는 샌 족 여인

나미브 사막에는 날씨가 너무 더워서 사람이 거의 안 살아요. 사막에서 사는 데 익숙한 샌 족 사람들만 살고 있어요.

아프리카 대호수 가까이에 많은 사람이 살고 있어요. 아프리카에서 가장 기름진 땅이어서예요.

줄루 족은 아프리카에서 가장 많이 살고 있는 민족이에요. 19세기에 그들의 왕국은 남아프리카 공화국의 대부분을 다스렸지요.

줄루 족 사람들

부호
- 500만 명 이상 사는 곳
- 100~500만 명이 사는 곳
- 사람이 많이 사는 곳
- 사람이 많이 안 사는 곳
- 사람이 거의 안 사는 곳

민족과 풍습

아프리카 사람들은 아주 현대적으로 살거나 아니면 여전히 전통적으로 살고 있어요. 많은 사람이 농업 공동체에서 사는데, 시골 마을의 중앙 광장은 사람들로 늘 붐비지요. 여기에서 사람들은 물건을 사고팔고, 이야기하고, 노래하고, 춤추며 잔치를 벌여요. 한편 도시에서는 여러 나라 사람이 모여 살며 일하고 공부하고 있어요.

아프리카의 나라들은 빠르게 발전하고 있지만 사람들 대부분은 여전히 고향에서 식구들과 살고 싶어 해요.

예쁘게 칠하는 은데벨레 족

남아프리카에서 사는 은데벨레 족은 진흙 집을 눈에 띄는 밝은 빛과 무늬로 칠해요. 서아프리카 일부 지역에 사는 사람들은 둥그런 벽에 아치형의 커다란 문이 있는 진흙 집을 짓고 살아요. 이들은 눈에 확 띄는 집을 만들려고 진흙에다 온갖 무늬를 새겨 넣지요.

밝게 칠해진 은데벨레 족의 진흙 집

붉은 옷을 입은 마사이 족

동아프리카에서 사는 마사이 족은 초원을 돌아다니며 가축을 키워요. 그들은 소의 고기와 젖, 피를 먹고 살아요. 고양잇과 동물들을 쫓아 버리려고 붉은 옷을 입어요. 여자들은 화려한 구슬로 몸을 꾸며서 잘산다는 것을 자랑하지요.

장대 춤을 추는 도곤 족

도곤 족은 사하라 사막 둘레 나라인 말리에서 살고 있어요. 이들은 다리가 긴 새를 흉내 낸 장대 춤을 추는 부족으로 이름나 있지요.

장대 춤을 추는 도곤 족

뛰어오르는 전통 춤을 추는 마사이 족

잔치들

마을 빈터에서 자주 열리는 공동체 잔치는 시골 생활에서 중요해요. 사람들은 농사철이 되어 비가 처음 왔을 때나 씨앗을 뿌릴 때 그리고 곡식을 거둘 때뿐만 아니라 아이가 태어나거나 결혼 같은 집안 행사 때도 빈터에 모여 잔치를 벌이지요.

어떤 부족이 눈에 띄는 무늬로 집을 멋있게 칠하나요?

살려면 배워야 할 것

부시먼 족이라면 사냥하는 법을 꼭 배워야 해요. 부시먼 족 남자아이들은 아버지나 부족의 어른들로부터 사냥에 관한 모든 것을 배우지요.

모래를 파고 있는 부시먼 족 어린이들

아샨티 족의 농가

가나의 아샨티 족은 커다란 정사각형 집을 짓고 살아요. 집 가운데에는 마당이 있어요. 아이들은 엄마, 할머니, 삼촌, 이모, 고모, 숙모 들과 다 함께 살아요. 모든 어른들이 아이들을 함께 돌보지요. 친척인 여러 식구가 한집에서 같이 사는 거예요. 아프리카의 일부 지역에서는 온 마을 전체가 한 식구처럼 살고 있어요.

아샨티 족은 식구들이 함께 살고 함께 일해요.

학교생활

아프리카에는 학교가 모자라요. 가난한 곳은 더하지요. 시골 어린이들은 가장 가까이에 있는 학교에 가려고 해도 몇 시간씩 걸어가야 해요.

바깥에서 공부하고 있는 어린이들

케이프타운

케이프타운은 관광객이 많이 찾는 곳이에요. 이 도시는 밤에 즐길 수 있는 문화 행사와 식물원, 산, 모래 해변 따위의 볼거리가 많을 뿐만 아니라 고래 구경을 하고, 바닷속으로 들어가 눈앞에서 상어를 볼 수 있어요. 또 일 년 내내 해양 스포츠를 즐길 수 있어서 관광객들이 많이 찾지요.

케이프타운에는 긴 모래 해변이 있어요.

가 볼 만한 곳

아프리카는 곳곳이 달라도 무척 다른 땅이에요. 자연 경관이 뛰어난 곳도 많고 현대적인 대도시도 많지요. 전통과 현대적 삶이 함께 어우러져 있고 저마다 풍습을 지니고 있는 수백 종류의 부족이 있어서 아프리카는 관광객들을 사로잡지요.

킬리만자로 산은 탄자니아에 있는 이름난 산이에요. 해마다 수천 명의 사람이 산을 오르며 거친 땅과 숲, 빙하를 즐기고 산꼭대기에서 경치를 둘러보지요.

이집트에 온 수많은 관광객은 나일 강가에 있는 고대 도시를 들러요. 이곳에서 사람들은 수천 년 전에 지어진 **룩소르 신전**과 **카르나크 신전**을 보게 되지요.

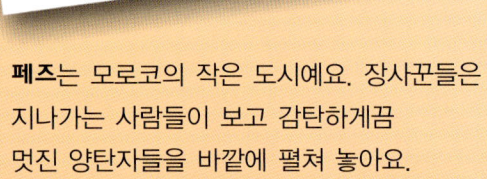

페즈는 모로코의 작은 도시예요. 장사꾼들은 지나가는 사람들이 보고 감탄하게끔 멋진 양탄자들을 바깥에 펼쳐 놓아요.

모로코의 **마라케시**에 있는 시장에서는 온갖 종류의 물들인 털실과 염소 가죽을 팔고 있어요.

잔지바르는 이국적인 향신료 섬으로 인도양에 있어요. 이곳은 아라비아 풍의 건물들과 야자나무가 늘어서 있는 새하얀 모래 해변으로 이름나 있어요. 또한 정향, 육두구, 바닐라, 계피 같은 향신료를 기르는 커다란 플랜테이션 농장이 있지요.

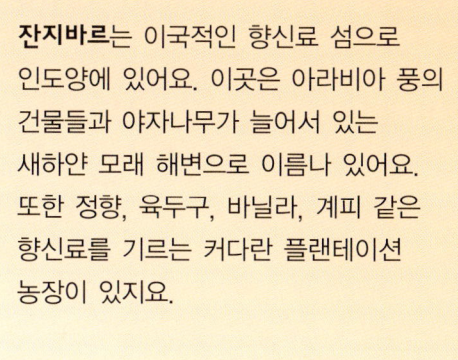

남아프리카 공화국의 **크루거 국립 공원**은 관광객들한테 인기 있는 곳이에요.

이집트에 있는 **기자의 피라미드들**은 4500년 전에 지어진 이집트 왕들의 무덤이에요. 가장 큰 피라미드는 자그마치 200만 개의 돌 벽돌로 지었어요.

튀니지의 **토주르**는 오아시스 도시예요.

산업

아프리카에는 많은 양의 다이아몬드와 금, 석유가 묻혀 있어요. 사하라 사막에서는 보기 드문 광물들과 석유, 천연가스가 발견되고 있어요. 하지만 사막과 산악 지역의 깊은 땅속에 묻혀 있어서 캐내기가 무척 힘들고 위험해요.

아프리카는 풍부한 자연 자원을 개발하려고 공장을 짓고 산업을 발달시키고 있어요. 하지만 아직도 사람들은 대부분 농사를 짓거나 가축을 키우고 있지요. 많은 사람이 단순한 농기구를 써서 작게 농사를 짓고 있어요. 최신 기계를 쓰는 큰 플랜테이션 농장도 있어요. 여기서 기른 커피, 목화, 땅콩, 코코아 콩이 전 세계로 팔려 나가고 있어요.

나일 강의 물

나일 강이 없다면 북동 아프리카 사람들은 살아갈 수 없을 거예요. 나일 강에서 넘친 물은 강가의 기름진 땅에 물을 대 주지요. 이곳에서는 밀과 대추야자, 목화가 잘 자라요.

이집트에서는 많은 농부가 아직도 최신 농기계 없이 손수 곡식을 거두어요.

알고 있나요?

세계에서 가장 큰 다이아몬드는 1905년 남아프리카 공화국에서 발견된 컬리넌 다이아몬드예요. 이것을 쪼개서 '아프리카의 큰 별'이라는 다이아몬드로 만들었는데, 이 귀한 보석은 영국 왕실의 왕위를 나타내는 보석이 되었어요.

다이아몬드

다이아몬드는 세계에서 가장 단단한 수정이에요. 이것을 땅속에서 캐내는 일은 아주 힘들고 위험해요. 세계에서 가장 많은 다이아몬드가 묻혀 있는 광산이 콩고, 보츠와나, 나미비아, 남아프리카 공화국에 있어요. 다이아몬드는 공장에서 무엇인가를 자르는 도구로도 쓰이지요. 모양을 깎고 반질반질하게 만들어 반짝이는 보석으로도 만들어요.

다이아몬드는 여러 가지 모양으로 깎을 수 있어요.

교통

아프리카 도시들은 뜨문뜨문 아주 멀리 떨어져 있는 데다가 교통이 덜 발달되어 다니기가 힘들어요.

해안을 따라서 복잡하고 커다란 항구들이 있지만 내륙과 이어진 물길이 몇 개뿐이라서 쓸 수 없지요. 아프리카에는 강이 많지만 물살이 빠르고 폭포와 정글이 뱃길을 가로막아요. 어떤 강은 건기에는 물 높이가 너무 얕아져서 배가 다닐 수 없어요. 길도 거미줄처럼 많이 나 있지만 대부분 흙길이라서 비가 오면 물에 잠겨 다닐 수 없지요.

그나마 콩고 강과 나이저 강, 나일 강 둘레에는 철도가 있어서 이 강과 바닷가의 항구들을 이어주지요. 남아프리카 공화국은 아프리카에서 철도가 가장 잘 놓여 있는 나라예요. 북아프리카도 철도가 잘 놓여 있지요.

콩고 강을 다니는 배

예인선에 끌려가는 바지선(바닥이 납작한 큰 배)이 콩고 강의 흙탕물을 휘저어 놓아요. 배들은 브라자빌과 킨샤사를 오가며 사람들을 도시로 실어 주지요. 갑판 위에서 사람들은 빨래를 하고 음식을 만들고 가축들을 돌봐요. 늘 하던 일을 배에서도 하지요.

콩고 강의 배

여기에서 팀북투까지

팀북투는 사하라 사막 끝 언저리에 있는 도시예요. 이곳은 소금과 상아, 금을 주고받는 무역 중심지였고 아랍인, 베르베르 족(북아프리카 토착민), 무어 인(8세기에 에스파냐를 다스렸던 북서아프리카의 무슬림들) 장사꾼들이 만나던 곳이었어요. 서아프리카 사람들은 아직까지도 팀북투를 흥미로운 먼 나라로 여기지요.

낙타를 탄 대상들

옛날부터 낙타는 물건을 나르고 여행하는 도구로 쓰였어요. 투아레그 족 유목민들은 소금이나 물건들을 사막 끝에 있는 오아시스 마을로 나를 때 지금도 낙타를 써요. 낙타는 넓고 판판한 발굽을 가지고 있어서 모래 위에서도 발이 안 빠져 잘 걸을 수 있어요. 또한 혹에다 영양분을 모아 둘 수 있어서 여러 날을 물 없이도 갈 수 있지요. 오늘날에는 거친 길을 잘 달리는 사륜구동 차나 작은 비행기로 사막을 건너기도 해요.

투아레그 족이 낙타와 함께 사막을 건너고 있어요.

오아시스

사막에서 오아시스는 여행을 하거나 물건을 나를 때 쉬어 갈 수 있는 중요한 곳이에요. 낙타를 이끌고 가는 대상들은 한 오아시스에서 다른 오아시스까지 여행을 하며 다음 여행에 쓰일 음식과 물을 장만하지요.

오아시스는 사막 여행자들한테 쉴 곳이 되어 주어요.

수에즈 운하

이 운하는 지중해와 홍해를 이어 줘요. 수에즈 운하는 유럽에서 아시아로 가는 배들이 아프리카를 빙 돌아가지 않게 하려고 사람들이 만들었어요.

나일 강

나일 강은 배로 사하라 사막을 건너는 중요한 길이에요.

도우

동아프리카 해안에서는 나무로 만들어진 도우라는 범선이 향신료 섬인 잔지바르와 펨바 사이를 오가요.

도우는 아라비아의 전통 범선이에요.

아프리카의 항구들

아프리카에는 해외 무역이 활발한 큰 항구가 많이 있어요. 알렉산드리아 항구는 이집트가 다른 나라와 사고파는 석유, 면직물, 과일의 대부분을 다루는 곳이에요. 더반은 남아프리카 공화국에서 가장 바쁜 항구예요. 강철과 석탄, 화강암, 화학제품을 실은 무거운 화물선들이 이곳에서 유럽과 북아메리카, 일본으로 떠나지요. 세네갈의 다카르 항구는 대서양에 있어요. 땅콩과 생선 제품을 실은 배들이 이곳에서 프랑스로 떠나지요.

붐비는 이집트의 알렉산드리아 항구

블루 트레인

남아프리카 공화국의 특급 열차인 블루 트레인은 프리토리아와 케이프타운 사이를 오가요. 이 기차 여행은 세계에서 가장 호화로운 여행 가운데 하나예요.

남아프리카 공화국의 가든 루트 위를 지나가는 블루 트레인

세렝게티 열기구 여행

해가 뜨기 전에 사파리 여행객들은 모험을 시작해요. 지프차를 타고 세로나 계곡에 있는 열기구 발사대로 가요. 모두 열기구를 타고 세렝게티 하늘을 날 생각에 들떠 있어요. 세렝게티는 수천 마리의 동물과 새가 사는 넓디 넓은 평원이에요.

태양이 아침 하늘을 분홍빛과 황금빛으로 물들이면 열기구는 두둥실 떠올라 나무 위를 날아가요.
여행객들은 사자와 치타, 표범 들이 먹잇감에 살금살금 다가가 사냥하는 모습을 보려고 눈을 크게 떠요.
100만 마리가 넘는 누와 얼룩말이 싱싱한 풀과 물을 찾아 세렝게티를 가로질러 달려가는 모습이 보여요.
열기구가 북쪽으로 가자 평원에서 소들을 몰던 마사이 족이 손을 흔드네요.
이제 올두바이 협곡이 눈에 보여요. 이곳은 그레이트리프트 계곡에 있는 가파르고 좁은 골짜기로, 200만 년 전에 최초의 인류가 살았다고 해요.

이제 뜨거운 공기를 채운 풍선이 열기구 발사대로 돌아올 시간이에요. 여행객들이 바구니 가장자리를 꼭 잡고 있으면 열기구는 서서히 땅에 닿으며 착륙해요. 여행객들은 아침 식사 시간에 딱 맞춰 돌아왔어요. 모두 둘러앉아 이번 여행에 얽힌 이야기를 나누어요. 모두 조금 전에 보고 온 동물들의 삶이 위협받고 있다는 것을 알고 야생의 아름다운 세계가 보호되기를 바라지요.

세렝게티
사파리

세렝게티는 세렝게티 국립 공원과 여러 다른 공원 그리고 마사이 족이 소 떼를 방목해서 키우고 있는 케냐의 마사이 마라 국립 보호 구역을 다 아우르는 곳이에요. 해마다 9만 명이 넘는 관광객이 동물들의 집단 이동을 보려고 세렝게티를 찾아와요. 100만 마리가 넘는 누와 20만 마리쯤 되는 얼룩말 떼가 짧은 우기와 긴 우기가 시작되기 전에 평원을 가로질러 뭉쳐서 이동하지요.

용어 풀이

강 넓고 길게 흐르는 물줄기예요. 강은 대부분 바다로 흘러 들어가지요.

계곡 산이나 언덕 사이에 있는 낮은 땅이에요.

고원 널따랗고 평평하며 때로는 바위가 있는 높은 벌판이에요.

곶 바다나 호수, 강으로 뾰족하게 튀어나온 땅의 끝 부분이에요.

관목지 건조하고 나무를 보기 힘든 땅으로, 이곳에서 살아남을 수 있는 가시 있는 나무와 덤불로 덮여 있는 곳이에요.

늪 땅이 낮고 질퍽거리는 곳으로 물에 자주 잠기는 곳이에요. 늪은 대부분 강이 바다와 만나는 어귀 가까이에 있지요.

대륙 지구의 커다란 땅덩이를 일곱 개의 대륙으로 나눌 수 있어요. 유럽, 북아메리카, 남아메리카, 아시아, 아프리카, 오세아니아, 남극이지요.

대양 대륙을 둘러싸고 있는 커다란 소금물이에요. 대양은 지구 표면의 3분의 2를 넘게 차지하지요.

댐 강을 가로질러 물 흐름을 막아 놓은 것이에요.

모래 언덕 모래로 된 언덕이나 능선이에요. 바람에 의해 만들어진 것으로, 모양과 위치가 늘 바뀌지요.

바다 짠물이 모인 넓은 곳으로 하나로 넓게 이어져 있어요. 바다의 일부나 전부가 땅에 둘러싸여 있을 수도 있지요.

반도 삼면이 바다로 둘러싸인 좁고 긴 땅이에요.

사막 흙이 오랜 시간이 지나면서 모래로 바뀐 아주 메마른 땅이에요.

사바나 초원의 또 다른 이름이에요.

사파리 야생 동물을 놓아기르는 자연공원에 자동차를 타고 다니며 차 안에서 구경하는 것을 가리켜요. 스와힐리 어로 '여행'이라는 뜻이지요.

산 땅에서 아주 높이 솟아 있는 곳이에요. 언덕보다 높지요.

섬 둘레가 물로 둘러싸인 대륙보다는 작은 땅을 가리켜요.

소다호 화산이 폭발할 때 나온 화산재로 만들어진 것인데, 화산재가 호수에서 물과 섞여서 소다 성분이 많이 함유되어 있는 짠물을 만들어 내지요.

열대 적도를 중심으로 북회귀선과 남회귀선 사이에 있는 덥고 습한 곳이에요.

오아시스 사막에 있는 샘물로, 물은 땅속에서 솟아나지요.

적도 남극점과 북극점 가운데에서 지구를 빙 둘러 그린 상상의 선이에요.

정글 빽빽하게 자란 나무들로 이루어진 열대 숲이에요.

지협 두 개의 커다란 땅을 이어 주는 좁고 긴 땅으로, 그 양쪽으로 물이 있지요.

짠물 호수 물에 소금기가 많은 호수예요. 건조한 기후로 물이 증발하면서 소금이 많이 남아 생긴 호수지요.

폭포 강물이 가파른 절벽에서 떨어지는 거예요.

호수 땅으로 둘러싸인 커다란 물웅덩이예요. 아주아주 큰 호수는 '–해'라고 하지요.

화산 산꼭대기에 나 있는 지구 표면의 틈이에요. 화산이 폭발할 때 지구 깊숙한 곳에 있던 용암, 화산재, 뜨거운 가스가 이곳으로 뿜어져 나와요.

찾아보기

ㄱ
가스 24
가젤 16
강철 27
계피 23
고릴라 16, 17
고원 8, 9
광물 24
그레이트리프트 계곡 8, 9, 28
극락조화 14
금 24, 25, 26
기린 15, 16, 17
기자의 피라미드 23

ㄴ
나미브 사막 8, 9
나이저 강 10, 11, 26
나일 강 10, 11, 15, 22, 24, 26, 27
나침반 4
낙타 17, 19, 26, 27
남극권 4, 5
남회귀선 4, 5
누 16, 17, 28
늪 10, 14, 15, 16

ㄷ
다르에스살람 19
다이아몬드 24, 25
대서양 4
대추야자 14, 15
더반 19, 27
도곤 족 20
도우 27
듄 8
드라켄스버그 산맥 9
땅콩 7, 24, 25, 27

ㄹ
라고스 18, 19
로즈우드 14
루디야드 키플링 11
룩소르 22
림포푸 강 11

ㅁ
마가디 호 11
마라케시 22
마사이 족 29
마호가니 14
맨드릴개코원숭이 17
맹그로브 15
모시 카 탄야 10
목화 24, 25

ㅂ
바오바브나무 14, 15
베르베르 족 26
부시먼 족 21
북극권 4, 5
북회귀선 4, 5
블루 트레인 27
빅토리아 폭포 10, 11
빅토리아 호 11

ㅅ
사바나 8, 12, 14, 15, 16
사자 16, 17, 28
사파리 28, 29
사하라 사막 8, 9, 11, 12, 13, 19, 20, 24, 26, 27
사헬 지대 9, 12, 13, 19
샌 족 19
석유 24, 25, 27
석탄 27
세렝게티 28, 29
세로나 계곡 28
소다 호 11
소웨토 18
수드 늪 10, 11
수에즈 운하 11, 27
스와힐리 어 7
시로코 12
시뭄 12
신전 22

ㅇ
아랍 인 26
아비장 19
아살 호 11
아샨티 족 21
아스마라 6
아스완 하이 댐 10
아카시아 나무 14, 15
아틀라스 산맥 9, 13
악어 16
알아지지야 13
알제 19
얼룩말 16, 17, 29
에르그 티퍼닌 모래 언덕 9
열기구 28
열대 우림 12, 13, 15, 17
오렌지 강 11
오아시스 10, 11, 12, 14, 23, 26, 27
오카방고 늪 10, 11
올두바이 협곡 29
와가두구 6, 19
요하네스버그 18, 19
원숭이 16
육두구 23
은데벨레 족 20
인도양 5, 23
임팔라 17

ㅈ
잔지바르 6, 23, 27
잠베지 강 10
적도 4, 5, 13
정향 23
줄루 족 9, 19
지중해 11

ㅊ
축척 5
치타 16, 17

ㅋ
카르나크 신전 22
칼라하리 사막 9, 13
캄신 12
커피 24, 25
컬리넌 다이아몬드 24
케이프타운 19, 21, 27
코끼리 16
코코아 24, 25
크루거 국립 공원 23
킬리만자로 산 8, 9, 22
킹프로테아 14

ㅌ
탕가니카 호 11
토주르 23
티미모운 19
팀북투 26

ㅍ
파피루스 14, 15
페즈 22
펨바 27
표범 17
프리타운 6
프리토리아 18, 27
플라밍고 11
플랜테이션 농장 23, 24, 25

ㅎ
하마 16, 17
하마탄 12
하우사 어 7
하이에나 16
향신료 23, 27
호랑이꼬리여우원숭이 17
홍해 9, 27
화산 8
흑단 15

한눈에 보기

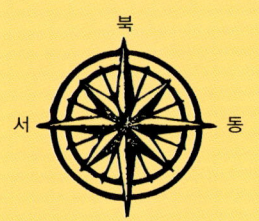
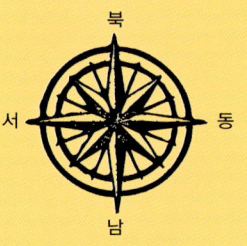

대륙
지구에는 대륙이라고 하는 일곱 개의 큰 땅덩이가 있어요. 아프리카는 세계에서 두 번째로 큰 대륙이지요.

나라
아프리카에는 50개가 넘는 나라가 있어요. 1000개가 넘는 언어를 쓰는 수백 종류의 민족이 살고 있지요.

지형

아프리카는 여러 풍경을 지닌 커다란 대륙이에요. 북쪽에는 세계에서 가장 큰 사하라 사막이 있어요. 긴 강들과 폭포들도 여러 개 있지요. 동아프리카에는 높은 평원이 펼쳐져 있는데 군데군데 킬리만자로 산 같은 사화산들이 있어요.

물길
아프리카에서 가장 이름난 강은 나일 강, 콩고 강, 나이저 강 그리고 잠베지 강이에요. 나일 강의 물은 둘레 농경지에 물을 대 줘요. 아스완 하이 댐은 나일 강의 홍수를 막아 주지요. 아프리카에 있는 호수 대부분은 아프리카 동쪽의 화산 활동으로 생긴 계곡에 있어요. 사막에는 오아시스라는 샘이 많이 있어요.

기후
아주 메마른 사막 지역을 빼면 아프리카의 대부분은 열대 기후에 들어가요. 언제나 덥고 비가 많이 오며 계절의 구분이 없지요. 일 년에 한두 차례 오는 우기에 비가 아주 많이 내리고 바람은 해변에서 내륙 쪽으로 불어요.

식물

열대 우림에서 자라는 큰 나무들은 햇빛을 받으려고 서로 겨루어요. 이 나무들을 타고 올라가는 덩굴 식물, 양치식물, 난 들이 나뭇가지에 몸을 기대 자라지요. 호수와 늪에서는 수생 식물들이 자라요. 사막에서는 물이 거의 없어도 아카시아 나무가 살아남지만 대추야자는 오아시스 가까이에서만 자라요. 사막 바깥쪽으로는 풀이 있는 널따란 건조 지역인 사바나가 있어요.

동물

아프리카는 야생 동물들로 이름나 있어요. 평원에서는 사자, 하이에나, 치타 들뿐만 아니라 큰 무리를 이루는 누와 얼룩말 들이 살고 있어요. 하마와 악어 들은 강과 늪에서 살고 있고, 원숭이와 고릴라 들은 정글에서 살고 있지요.

인구
아프리카의 인구는 다른 곳보다 더 빠르게 늘어나고 있어요. 많은 사람이 바닷가의 붐비는 도시에서 살고 있지만 그 밖의 사람들은 작은 마을에서 살고 있어요. 아랍 사람들은 대부분 북쪽에서 살고, 수백 종류의 원시 부족으로 이루어진 흑인들은 남쪽에서 살고 있어요.

민족과 풍습
아프리카 사람들은 전통 방식으로 살거나 현대 방식으로 살고 있어요. 농업 공동체에서 삶은 농사를 기초로 하고 있어요. 도시에서는 삶이 현대적이지요.

산업

아프리카에는 광물, 천연 가스뿐만 아니라 많은 양의 다이아몬드, 금, 석유가 묻혀 있어요. 풍부한 자연 자원을 쓰려고 아프리카 나라들은 산업을 발전시키고 있어요. 하지만 사람들 대부분이 아직도 작은 농사를 짓고 있어요. 커다란 플랜테이션 농장에서는 커피, 목화, 코코아를 길러요.

교통

아프리카의 도시들은 서로 멀리 떨어져 있어요. 길들이 복잡하게 나 있지만 흙 길이 많아서 우기에 홍수가 나면 길이 물에 잠겨 버리지요. 해변을 따라서 커다란 항구들이 있지만 강을 통해 내륙으로 들어가기는 좀 어려워요. 철도는 도시들과 중요한 항구들을 이어 주지요. 수에즈 운하는 남아프리카와 동아프리카를 지중해와 이어 주어요.

 # 꼬마 탐험가가 보는 지도책 (전 8권)

나라, 지형, 식물, 동물, 인구, 민족과 풍습, 산업 들에 이르기까지 세계의 여덟 곳을 생생한 사진과 눈에 쏙쏙 들어오는 그림으로 탐험해 보아요!

• 1권 유럽
작은 대륙이지만, 50여 개 나라가 옹기종기 모여 있는 유럽으로 떠나요!

• 2권 북아메리카
여러 문화가 함께 어우러져 있는 북아메리카로 떠나요!

• 3권 남아메리카
자연의 순수함을 느낄 수 있는 남아메리카로 떠나요!

• 4권 동북·동남아시아
세계에서 가장 많은 사람이 사는 동북·동남아시아로 떠나요!

• 5권 서남·중앙아시아
독특한 자연과 문화가 있는 서남·중앙아시아로 떠나요!

• 6권 아프리카
놀라운 자연이 살아 숨 쉬는 아프리카로 떠나요!

• 7권 오세아니아
세계에서 가장 작은 대륙인 오세아니아로 떠나요!

• 8권 극지방과 바다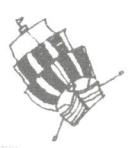
신비한 극지방과 바다로 떠나요!